GÜNTHER NUSSBAUMER

SchriftBilder

Zu Fernando Pessoa.

Mit einem Text von Ilse Pollack.

OTTO MÜLLER VERLAG

Die Berühmtheit ist plebejisch
Ein fiktives Gespräch zwischen Ilse Pollack und Fernando Pessoa

Senhor Pessoa, Sie machen es Ihren posthumen VerehrerInnen schwer. Da gibt es eine Verfügung von Ihnen, die besagt: "Wenn ihr nach meinem Tode meine Biographie schreiben wollt, so ist nichts leichter als das. Sie hat nur 2 Daten – Geburt und Todestag. Alle Tage dazwischen gehören mir."

Wenn ich mich richtig erinnere, habe nicht ich das verfügt, sondern Alberto Caeiro.

Einer Ihrer vielen literarischen Alter Egos, psychischen Lebensgefährten, Heteronymen, oder wie immer man diese dichterischen Umsetzungen Ihrer Hysterie bezeichnen mag.

Ein Glück, daß meine Hysterie nach innen explodierte. Denn wäre ich eine Frau gewesen – ohne die Senhora beleidigen zu wollen –, so hätte jedes Gedicht von Álvaro de Campos die Nachbarschaft alarmiert.

Das ist nun wieder eine Ihrer typischen Übertreibungen, mit denen Sie sich selbst bei Laune zu halten pflegten. Doch bleiben wir zunächst bei Ihrer staatsbürgerlich registrierten Person. Sie wurden 1888 in Lissabon geboren, als Sohn eines Vaters, der verschied, als Sie drei Jahre alt waren und einer heißgeliebten Mutter, die Sie …

Väterlicherseits bin ich der Enkel eines Generals, der an den liberalen Feldzügen teilgenommen hat. Mein Großvater mütterlicherseits war Generaldirektor im Ministerium des Königreichs. Meiner allgemeinen Herkunft nach bin ich eine Mischung aus Adeligen und Juden.

Die aristokratische Seite Ihrer Persönlichkeit haben Sie sich immer selbst gutgeschrieben, während Sie den jüdischen Anteil nur hin und wieder Ihren Heteronymen konzedierten, dem Álvaro de Campos zum Beispiel, äußerlich der Typ eines portugiesischen Juden, sieht man einmal davon ab, daß er gescheitelte Haare trug.

Wenn Sie wollen, können Sie auch Rafael Baldaya, Verfasser eines Traktats der Verneinung und Herausgeber einiger Prinzipien der esoterischen Metaphysik in die große Familie der Cristãos-Novos, der getauften Juden, einordnen. Baldaya übte in Lissabon den Beruf eines Astrologen aus, um den ich ihn stets beneidet habe. Auch unter meinen eigenen Vorfahren gab es einen Astrologen und zum Christentum zwangsbekehrten Okkultisten, der im 18. Jahrhundert von der Inquisition zur Einziehung seines Vermögens verurteilt worden war. *(seufzt)*

Einer Ihrer Freunde war der russische Jude Eliezer Kaminsky, dessen Gedichte in portugiesischer Sprache 1932 mit einem Vorwort von Ihnen erschienen. Wissen Sie übrigens, daß Sie beide vor kurzem der Anlaß eines gewaltigen Literaturskandals waren, der beinahe ein zweites Erdbeben in Lissabon ausgelöst hätte?

Davon ist mir zum Glück nichts bekannt.

Man hat Sie in Rom für den Autor von Kaminskys Lebenserinnerungen ausgegeben.

Tatsächlich? Oh, ich habe dem armen Kaminsky doch bloß einen Gefallen getan und seine Memoiren eines allzu bewegten Reiselebens in die Allerweltssprache Englisch übersetzt. Ansonsten dürfte meine Einstellung zum Reisen bekannt sein. Reisen? Existieren ist Reisen genug. Nur äußerste Schwäche der Einbildungskraft rechtfertigt, daß man den Ort wechseln muß, um zu fühlen.

Da haben Sie vollkommen recht. Nie habe ich deutlicher die Wahrheit jenes Satzes gespürt, der da lautet: „Das Ende der Welt ist, sobald man die Welt vollständig umkreist hat, der gleiche Entenpfuhl, von dem man ausgegangen ist." Deshalb habe ich auch schon nach den ersten drei Seiten der Lektüre Ihre Autorschaft an diesem Buch vollkommen ausgeschlossen. Doch da mit Ihnen jetzt so viel Geld zu verdienen ist …

Geld ist schön, weil es eine Befreiung bedeutet …

… kann man es der beflissenen Signora di Muno nicht übelnehmen, aus der schier unerschöpflichen Truhe Ihrer zum Teil noch immer unveröffentlichten Manuskripte sich ebenfalls ein Ringlein, und sei's auch ein falsches, an den Finger stecken zu wollen. Ja, mein Lieber, Sie haben es in den letzten Jahren zu einer erstaunlichen Berühmtheit gebracht. Ausgerechnet Sie, der schon mit 27 Jahren eine Ästhetik der Abdankung schrieb und es immer abgelehnt hat, berühmt zu werden!

Die Berühmtheit ist plebejisch. Deshalb muß sie eine zartfühlende Seele verletzen. Sie ist plebejisch, weil im Rampenlicht stehen und von allen angeschaut zu werden einem zartfühlenden Wesen die Empfindung einer äußerlichen Verwandtschaft mit den Leuten verschafft, die auf der Straße Skandale erregen, gestikulieren und lauthals schreien. Man muß schon sehr grob veranlagt sein, um mit Freude berühmt zu sein.

Doch waren Sie schon zu Lebzeiten davon überzeugt, ein Genie zu sein. Ein bißchen Berühmtheit hätte Ihnen auch damals gewiß nicht geschadet.

Und ob! Wenn ein unbekanntes Genie einmal bekannt ist, steht es nicht mehr in seiner Hand, in die Dunkelheit zurückzukehren. Die Berühmtheit ist irreparabel. Es gibt aus ihr sowenig ein Zurück wie ein Zurück in der Zeit.

Haben Sie deswegen zu Lebzeiten so wenig publiziert?

Ich publiziere nicht, weil ich nicht wollte: Ich publiziere nicht, weil ich nicht konnte. Die Mehrzahl der Dinge, die ich schrieb, hätte von der Zensur nicht genehmigt werden können. Ich konnte den Impuls nicht unterdrücken, sie zu schreiben: Ich beherrschte jedoch mit Leichtigkeit, weil ich ihn nicht hatte, den Drang, sie zu publizieren. Und habe die Zensoren auch nicht mit einer Materie behelligt, deren Publikation sie zwangsläufig hätten verbieten müssen.

Bei dem einzigen zu Ihren Lebzeiten veröffentlichten Werk scheint mir genau das Gegenteil der Fall zu sein. Mensagem ist ein Band mit patriotischen Gedichten und Sie haben diesen sogar beim Ministerium für Propaganda eingereicht, um einen Preis zu gewinnen. Ausgerechnet Sie wollten sich als Staatsdichter profilieren! Das war, finde ich, geradezu eine Verhöhnung Ihrer literarischen Weggefährten, Caeiro, Campos, Reis und wie sie alle heißen.

Ich bin völlig mit Ihnen einverstanden, daß es keine glückliche Idee von mir gewesen ist, mit einem Buch wie der *Botschaft* die literarische Bühne zu betreten. Doch bin ich nun in der Tat ein mystischer Nationalist, ein rationaler Sebastianist. Aber ich bin, davon abgesehen, und sogar in Widerspruch dazu, noch vieles andere mehr.

Und zwar?

Ich fühle mich vielfältig. Ich fühle mich wie ein Gemach mit unzähligen phantastischen Spiegeln, die durch falsche Widerspiegelungen eine vergangene Wirklichkeit vortäuschen, die in keiner und in allen ist.

Einer Ihrer berühmten Metasätze, die nichts heißen und alles zu heißen vorgeben. Doch wer sind Sie in Wirklichkeit?

Ich bin das traurige Kind, auf das das Leben eingeprügelt hat. *(Schweigt ein bißchen.)*
Ich bin ein armer Aufschreiber von Widersprüchen, aber ich besitze die Fähigkeit, mir Argumente zu verschaffen, sie gegen alle Theorien zu verteidigen, selbst gegen die absurdesten und es ist diese letzte Fähigkeit, mit der ich mich empfehle. *(Schweigt wieder ein bißchen)*
(dann, überzeugt): Ich bin ein männlicher Geist ohne Furcht, mit geringer weiblicher Zärtlichkeit.

Ihr Geist scheint Sie daran gehindert zu haben, je eine Liebesbeziehung einzugehen?

Wir lieben niemals irgendjemanden. Wir lieben ganz allein die Vorstellung, die wir uns von jemandem machen, unsere eigene Meinung – letztlich also uns selbst – lieben wir. Das gilt für die ganze Skala der Liebe. In der sexuellen Liebe suchen wir unseren Genuß, der mit Hilfe eines fremden Körpers zustandekommt. In der von der sexuellen Liebe unterschiedenen Liebe suchen wir unseren Genuß vermittels einer eigenen Vorstellung.

Sie sind also für die körperliche und geistige Onanie?

Der Onanist ist verwerflich, aber, wenn man genauer hinsieht, ist der Onanist der vollkommene logische Ausdruck des Liebenden. Er ist der Einzige, der sich nichts vormacht und sich nicht betrügt.

Sind Sie nicht ein schrecklicher Egoist?

Ich erscheine nur denjenigen als Egoist, die aus absorbierendem Egoismus die Hingabe ihrer Mitmenschen wie einen Tribut verlangen.

Immerhin haben Sie, Fernando Pessoa, auch Liebesbriefe geschrieben.

Lächerlich. Alle Liebesbriefe sind lächerlich. Sonst wären sie keine Liebesbriefe.
Im übrigen kreiste mein Leben um mein literarisches Werk. Alles Übrige hatte für mich ein sekundäres Interesse. Ich bezweifle, ob eine Heirat, ein Heim (oder wie immer man dies nennen mag) Dinge gewesen wären, die sich mit meinem gedanklichen Leben vertragen hätten. Mein Schicksal gehorchte einem anderen Gesetz und war immer dem Gehorsam gegenüber Meistern unterworfen, die nichts erlaubten und nichts verziehen.

Also gut. Ich sehe schon, daß wir hier nicht weiterkommen. Wo stehen sie eigentlich politisch?
Ich bin ein Konservativer englischen Stils, das heißt liberal innerhalb des Konservatismus, und vollkommen antireaktionär.
Im Jahre 1928 haben Sie aber eine abscheuliche Schrift verfaßt: Interregnum – eine Verteidigung und Rechtfertigung der Militärdiktatur in Portugal. *Darin vertreten Sie keineswegs liberale Prinzipien.*
Ich habe überhaupt keine Prinzipien. Heute verteidige ich die eine Sache, morgen die andere. Doch ich glaube nicht an das, was ich heute verteidige, und auch morgen werde ich kein Zutrauen haben in das, was ich verteidigen werde.
Verblüffend postmodern!
Pataphysisch. Mit den Ideen und mit den Gefühlen spielen ist mir immer als das allerschönste Schicksal erschienen.
Von dieser rein ästhetischen Betrachtungsweise ist es nur ein Schritt zum taedium vitae. In der Tat beklagen sich Ihre Heteronyme über ihren schrecklichen Lebensüberdruß. Warum haben Sie diese Leute sich nicht selbst aus der Welt schaffen lassen? Haben Sie nie an Selbstmord gedacht?
Um diesem Lebensüberdruß abzuhelfen, erscheint mir der Selbstmord als zu unsicher, der Tod, selbst wenn er Unbewußtheit herbeiführt, als viel zu wenig. Dieser Überdruß ist auf das weitaus Schrecklichere und tiefer Reichende erpicht, niemals existiert zu haben – ein Ehrgeiz, der noch negativer ist als das Nichts.
Da haben wir es, das schreckliche Stichwort, NICHTS; NIEMAND; NADA. „Ich habe in einem inneren Blitzstrahl bemerkt, daß ich niemand bin."
„Ich bin das Nichts"… „Nein: Ich will nichts"… Álvaro de Campos, Bernardo Soares, sie alle plagt dieser Nichtigkeitswahn.
Nichts sein zu wollen ist die selbstverständliche Voraussetzung um alles zu sein. Der Hilfsbuchhalter kann träumen, er sei der Kaiser von Rom; der König von England kann das nicht, weil es dem König von England genommen ist, in Träumen ein anderer König zu sein als er ist. Ich kann mir mich als alles vorstellen, weil ich nichts bin …
Sie scheinen plötzlich ganz traurig zu sein. Woran denken Sie?
Nie eine Haremsdame gewesen zu sein! Wie leid es mir tut, daß mir das nie widerfahren ist!
Ist die von Ihnen so oft beschworene Multiplizität (was für ein Zungenbrecher!) Ihre persönliche Eigenschaft oder überhaupt charakteristisch für den Portugiesen?
Es ist gewiß eine portugiesische Eigenschaft. Welcher Portugiese kann die Enge einer einzigen Persönlichkeit, einer einzigen Nation, eines einzigen Glaubens ertragen? Welcher echte Portugiese kann beispielsweise die sterile Enge des Katholizismus leben, wenn es darüber hinaus alle protestantischen Glaubensbekenntnisse, alle orientalischen Religionen zu leben gibt, alle toten und lebenden Heidentümer, die auf portugiesische Art in einen höheren Paganismus verschmolzen sind? Wir möchten nicht, daß ein einziger Gott draußen vor unserer Tür bleibt. Wir absorbieren alle Götter! Wir haben bereits das Meer erobert: Es bleibt uns noch übrig, den

Himmel zu erobern. Möge die Erde den anderen überlassen sein, den ewig anderen, den von Geburt anderen, den Europäern, die keine Europäer sind, weil sie keine Portugiesen sind. Alles sein, und auf alle Arten und Weisen, denn die Wahrheit kann nicht darin bestehen, daß immer noch irgend etwas ausgespart bleibt!

Sie wollen doch nicht im Ernst behaupten, daß nur die Portugiesen Europäer sind?

Nur Portugal kann Interpret eines neuen europäischen Zeitalters sein. Denn das portugiesische Genie ist eminent kosmopolitisch oder wie ich es sage, kosmopolitisatorisch. Portugiese sein heißt Europäer im anständigen Sinn des Wortes sein, ohne die Ungezogenheit der Nationalität. Der Nationalismus ist ein speckiger Auswurf.

Wodurch wird ausgerechnet der Portugiese zum Musterbeispiel des Kosmopoliten?

Durch die Entdeckungen. Vergessen Sie nicht, daß es unsere Entdeckungen waren, die das kolonialisatorische Element der modernen Zivilisation begründeten. Es ist unser unvergänglicher Ruhm, daß die europäische Zivilisation in einem ihrer bedeutenden Aspekte unsere Schöpfung ist. Durch uns existiert heute eine amerikanische Zivilisation. Durch uns gibt es Städte, gibt es Zivilisation in Afrika, Australien, Indien, im Fernen Asien. Alles, was weit weg von Europa europäisch ist, ist uns zu verdanken. Von uns stammt auch die gegenwärtige Größe Japans ab.

Sie werden doch nicht so überheblich sein wollen und den anderen europäischen Völkern ihren Anteil an den Entdeckungen – über deren zivilisatorischen Wert ich mit ihnen lieber nicht diskutiere – streitig machen? Die Spanier…

Es bringt nichts, darüber zu diskutieren, ob dieser oder jener Punkt der Erde bekannt oder nicht bekannt war, bevor ihn die Portugiesen entdeckten. Auch sind diese nicht als einzelne Entdeckungen etwas wert, sondern als System. Portugal hat als erstes Land die systematische Enthüllung der Welt durchgeführt. Soziologisch betrachtet sind die Entdeckungen also (ob nun Spanier, Franzosen, Engländer oder sonst noch jemand daran beteiligt war) alle portugiesisch. Historisch betrachtet mögen sie sein, was sie sind. Die Geschichte ist jedoch nichts als eine Anhäufung von Fakten oder Pseudofakten, die erst durch die Soziologie bearbeitet werden.

Und da streitet man sich bis heute, welche Nationalität Kolumbus gehabt haben mag…

Man komme mir nicht mit Kolumbus oder Cabot. Selbst wenn Kolumbus Italiener wäre – inzwischen ist ja bewiesen, daß er Galicier ist – soziologisch betrachtet ist er Portugiese, denn die Initiative der Entdeckungen ist eine portugiesische Initiative, ihre wissenschaftliche Konzeption, der Plan aller Entdeckungen als zivilisatorisches Werk; deshalb wurden all jene, die bei den Entdeckungen mithalfen, durch ihre Mitarbeit zu Portugiesen. Und wenn mir jetzt einer antwortet, daß weder der Infante, noch die Seefahrerschule von Sagres eine derart klare Idee im Sinn gehabt hätten…

Entschuldigen Sie bitte, aber ich glaube, wir können

unseren Lesern einen so weitausholenden historischen Exkurs nicht zumuten …

Ich habe etwas länger ausgeholt, bin etwas weitschweifig geworden, weil ich die Nase voll habe, ja weil es mich geradezu verrückt macht, wie ungerecht alle europäischen Geschichtswerke uns behandeln. Aber sie sind genauso wie ihre Autoren, allesamt inkompetent. *(ist etwas in Rage geraten)*

Beruhigen Sie sich doch, Herr Pessoa, sagen Sie mir lieber: Wie sieht denn Europa jenseits der Pyränen, von Lissabon betrachtet aus?

Gibt es dort vielleicht irgendeine große Idee, die unsere Aufmerksamkeit nachhaltig fesseln könnte? Nichts rechtfertigt die direkte Existenz von Europa. Es gibt keine Kunst, die an Europas Himmel glänzt. Es gibt dort nichts, absolut gar nichts. Frankreich ist wie immer falsch, eigennützig und großsprecherisch, ohne den spanischen Wagemut zu besitzen, ohne die tragende Kraft der deutschen Unverschämtheit. Ja, wir sind germanophil, denn es gibt keine aufbauende Kraft dort draußen, und Deutschland verkörpert wenigstens in höherem Sinn den Geist der Zerstörung. Die anderen verkörpern gar nichts.

Durch Ihre, in Südafrika genossene britische Erziehung müßten Sie sich doch zumindest ein wenig zu Großbritannien hingezogen fühlen?

Das Große England? Ein Kinderpanzer mit einer Papp-Kanone und der vergoldeten Aufschrift „Nelson".

Aber, aber, schlägt da nicht ein persönliches Ressentiment durch? Sie hegen Groll, weil kein Londoner Verlag Ihre Gedichte in englischer Sprache publizieren wollte.

Ich kenne weder Groll noch Haßgefühle. Diese Gefühle gehören denjenigen, die eine Meinung, einen Beruf oder ein Ziel im Leben besitzen. Ich habe nichts von alledem. Ich nehme am Leben den Anteil eines Entzifferers von Scharaden.

Und wie entziffern Sie die Scharade Österreich?

Dieses Land ist das beste Beispiel einer Nation, die keine Existenzberechtigung hat. Ein Puffer zwischen Deutschland und Rußland. Letzteres ist heute übrigens nur mehr ein umgeworfenes Schild vor einem ausverkauften Laden. Die imperialen Traditionen Österreichs spannen es in einen Vermittlerdienst. Es vermittelt den deutschen Geist – allerdings in von ihm gehörig verstümmelter Weise – jenen Völkern, die zu beherrschen Deutschland für nützlich, doch selbst zu beherrschen für nicht opportun hält. So beherrscht Deutschland mit Hilfe von Österreich-Ungarn die Slawen.

Falls das tatsächlich je der Fall war, so ist es schon sehr sehr lange her. Europa hat sich gründlich verändert, verehrter Herr Pessoa, zur Zeit kämpft Slawe gegen Slawe.

Die Kriege und die Revolutionen – und eines von beiden ist immer im Gange – verursachen bei der Lektüre ihrer Auswirkungen nicht Entsetzen, sondern Langeweile. Nicht die Grausamkeit all dieser Toten und Verwundeten, das Opfer all derer, die im Kampfe sterben oder getötet werden, ohne zu kämpfen, lastet hart auf der Seele, sondern mehr noch die Dummheit, die Leben und Güter einsetzt für etwas unausweichlich Nutzloses. Alle Ideale und alle ehrgeizigen Pläne sind ein Wahnwitz männlicher Gevatterinnen. Es gibt kein Imperium, das es wert wäre, daß um seinetwillen eine Kinderpuppe entzweiginge.

Um ganz Ihren inneren Lichtspielen zu frönen, brauchen Sie stabile äußere Zustände.

Gibt es von Ihrem Werk eigentlich eine psychoanalytische Studie?

Ist es vielleicht wünschenswert, daß man unter dem Vorwand der Wissenschaftlichkeit ein absolut obszönes Buch schreibt und einen Schriftsteller in Kaffeehausmanier à la Brasileira do Chiado „interpretiert"? Dem breiten Spektrum an Onanismen, aus dem die zeitgenössische zivilisierte Mentalität besteht, weitere psychische Masturbationen hinzufügt? Mich bewegen nur Studien, die mich als geistige Wirklichkeit behandeln und sozusagen meine Existenz als unabhängige Nation anerkennen.

Sie wollen doch nicht auf eine derart simplifizierende Art die Verdienste von Dr. Freud herabsetzen!

Meiner Meinung nach ist das Freudianertum ein unvollkommenes, enges und äußerst nützliches System. Es ist unvollkommen, wenn wir glauben, daß es uns den Schlüssel zur grenzenlosen Komplexität der menschlichen Seele geben wird – kein einziges System kann uns diesen Schlüssel geben. Es ist eng, wenn wir annehmen, daß sich alles auf die Sexualität zurückführen läßt, denn nichts läßt sich nur auf eine einzige Sache zurückführen, nicht einmal das inter-atomare Leben. Und es ist aus mehreren Gründen – Bedeutung des Unbewußten, der Sexualität und das, was ich in meiner Sprache als „Translation" bezeichne – äußerst nützlich.

Sie haben also doch die Freud'schen Schriften gelesen?

Ich habe nicht viel von Freud und über das Freud'sche System bzw. seine Derivate gelesen; aber was ich gelesen habe, diente mir ganz außerordentlich, um mein psychologisches Messer zu schärfen und die Lupen meines kritischen Mikroskops zu reinigen.

Auch die Erkenntnisse über die Sexualität?

Die Sexualität – die eigene oder die anderer Leute – hat mich nie interessiert, erstens, weil ich meinem körperlichen und sozialen Wesen immer wenig Bedeutung beimaß, zweitens aus einem gewissen Zartgefühl heraus, das mich davor bewahrt, mich in das Leben anderer Menschen – und sei es auch nur durch Interpretation – einzumischen.

A propos Interpretation. Kein portugiesischer Dichter, oder vielleicht überhaupt kein Dichter ist so oft das Objekt plastischer Begierden geworden wie Ihre werte Person. Da ist natürlich in erster Linie Ihr Freund Almada Negreiros daran „schuld", der Sie so einprägsam dargestellt hat, am Kaffeehaustisch sitzend, denkend, rauchend, kurz vor der Niederschrift eines Satzes, ein Exemplar des Orpheu *vor sich und den Hut auf dem Kopf wie ein steifer englischer Gentleman.*

Ist er noch immer so übertrieben spitzbübisch, der gute Almada?

Oh, zum letzten Mal hat er sich vor ca. 30 Jahren den Spaß erlaubt, über Euer gemeinsames Abenteuer eine Broschüre zu publizieren, sie trägt bereits das

Datum seines hundertjährigen Geburtstages: 7-IV-93.

Und was schreibt er darin?

Daß Euer Orpheu *seit 500 Jahren die erste Begegnung zwischen Literatur und Malerei in Portugal war.*

Es war ein absoluter Triumph, vor allem dank der Reklame, die die Lissaboner Tageszeitung *A Capital* für uns gemacht hat mit einer Tracht Prügel auf der 1. Seite, einem zweispaltigen Artikel. Wir waren das Tagesgespräch von Lissabon; das sage ich Ihnen ohne Übertreibung. Der Skandal war riesig. Auf der Straße zeigte man mit den Fingern auf uns und alle Leute, selbst die nicht-literarischen, sprachen von *Orpheu.* Es waren so viele und so närrische Artikel, daß die Zeitschrift nach 3 Wochen vergriffen war – total und vollständig vergriffen. *(seufzt)*

Kennen Sie eigentlich die Ode, die Ihnen Almada gewidmet hat, da waren Sie schon lange tot. Sie beginnt so:

„Du hast geträumt, die Stimme Portugals zu sein
Du warst wahrhaftig die Stimme Portugals
Und warst nicht du."

Wir sind, wer wir nicht sind, und das Leben ist behende und traurig. *(seufzt wieder)* Mein lieber Almada, Sie können sich gar nicht vorstellen, wie sehr ich mich bei Ihnen für die Tatsache Ihrer Existenz bedanke.

Und was sagen Sie zu Mario Sáa, der Sie immer mit der großen Nase eines sefardischen Juden malte?

Mario Sáa, der Astrologe und Autor des Buches *Der Ansturm der Juden,* erschienen 1925 in Lissabon?

Derselbige. Sie kommen sehr gut darin weg, er stellt Sie sogar mit Filo gleich, dem Begründer der berühmten jüdisch-hellenischen Dichterschule im antiken Alexandrien.

Er war ein Abonnent meiner Zeitschrift *Athena,* die den Ehrgeiz hatte, das Organ der klassischen Literatur zu sein.

Wenigstens haben Almada und Sáa sie persönlich gekannt. Was jedoch ist von all den Nachfahren zu halten, die Ihre werte Person nur auf ein angeblich charakteristisches Detail festnageln? Diese Mythographen machen aus Ihnen, Fernando Pessoa, einen Schnurrbart im Wind, ein bekritzeltes Augenglas, einen Schlapphut (den Sie doch gar nie trugen!), eine Verzweiflung in zerrissener Seide...

(Fernando Pessoa werden Bilder von Costa Pinheiro, Alberto Cutileiro, David Levine und anderen portugiesischen und ausländischen Malern gezeigt)

(Fernando Pessoa kommentierend):

Wenn ich nicht wüßte, wer das ist, würde ich ihn nicht an seinem Aussehen erkennen.

Nun, da wird es Sie sicher freuen, daß man jetzt endlich von Ihrer Person weg – und zu Ihren Texten hingekommen ist.

Ich bin nichts als ein Text.

Genau das hat auch Günther Nussbaumer respektiert, als er Ihr Buch der Unruhe malte.

Mein Buch der Unruhe? Das gibt es doch gar nicht!

Da haben Sie aber eine Ahnung! Das gibt es, und zwar sooft wie sich ein Herausgeber über die Fragmente in Ihrer berühmten Truhe beugt. Und sie haben sich in den letzten zehn Jahren oft darüber gebeugt, das können Sie mir glauben!

Und jede Version ist anders?

Jede. In der Sprache Portugals gibt es schon drei Versionen verschieden in Anordnung und Auswahl – in der Sprache Brasiliens vermute ich ebensoviele; ganz zu schweigen von der deutschen, der italienischen, der französischen, englischen, schwedischen, japanischen – alle Welt hat ein Buch der Unruhe!

Alle Leute in allen fünf Kontinenten?

Ja mein Lieber, selbst eine chinesische Ausgabe soll in Vorbereitung sein. Man nimmt dabei nicht unbedingt Rücksicht, ob Sie selbst, Fernando Pessoa, Fremdsprachenkorrespondent diverser renommierter Lissaboner Handelshäuser, oder der Hilfsbuchhalter Bernardo Soares der Autor dieser Truhenfundstücke ist. Und Vicente Guedes, dieser vollkommene Aristokrat aus der rua dos Retroseiros ist erst kürzlich als Co-Autor in Erscheinung getreten.

Mein Halbheteronym Bernardo Soares, das im übrigen in vielen Dingen Álvaro de Campos ähnelt, trat immer auf, wenn ich ermüdet oder schläfrig war, sodaß meine Fähigkeiten zur klaren Vernunftüberlegung und meine Hemmungen ein wenig aufgehoben sind.

Warum bezeichnen Sie Bernardo Soares als Ihr Halbheteronym?

Weil seine Persönlichkeit nicht die meinige, doch nicht von ihr verschieden, wohl aber eine einfache Verstümmelung von ihr ist.

Bernardo Soares, eine Verstümmelung?

(lächelt) Ich bin es, minus die Vernunft und die Gefühlserregbarkeit.

Aber wie hat denn dieser Nussbaumer mein Unter-Anführungszeichen Buch illustriert?

Schauen Sie es sich doch an, es ist soeben erschienen!

(Fernando Pessoa blättert schweigsam in Nussbaumers Buch.)

(Fernando Pessoa erfreut) Da bin ich ja zu einem Buchwesen geworden, zu einem gelesenen Leben!

(die folgenden Sätze werden mit kleinen Pausen gesprochen)

Er rollt mich auf wie ein buntes Gewebe…

Er geht wie ich durch die Straße der Vergolderer und durch die Silberstraße, mit dem Tejo im Hintergrund…

… dem grünlichen Blau, das in Gold übergeht…

Schattierungen aus Himmel und Traurigkeit…

Wie ich ein Blatt dahintaumelnden Vagabundentums…

Ein Augen-Liebhaber, der Schauleidenschaft unterworfen…

Er malt mit der Seele wie ich mit der Seele als Tinte schrieb, nützlich für rein gar nichts, nur dafür, daß man mit ihr schrieb… oder malt…

Auch er hört die Hähne krähen sinnlos in der Stadt…

Mein Umherschlendern ist ein Schiffbruch und er sammelt die Scherben ein…

Er liebt es, an der Küste des Nutzlosen entlangzuschiffen…

Das Nutzlose ist schön, weil es weniger wirklich ist als das Nützliche…

Er hegt für die Dinge die visuelle Zärtlichkeit eines Antiquars…

Die kleinsten Vorkommnisse – eine Veränderung des Lichtes, der eingerollte Fall eines trockenen Blattes, das Blumenblatt, das sich welk ablöst, fesseln ihn mit Banden des Widerhalls und der Sehnsucht...

Es findet also Gnade vor Ihren Augen?

Ich verstehe, was die Technik oder die Kritik betrifft, nichts von irgendeiner Kunst außer der Literatur – und auch da frage ich mich oft, ob ich überhaupt etwas davon verstehe...

Wozu diese falsche Bescheidenheit?

Ich kann wirklich keine kritische Meinung über diese Zeichnungen abgeben. Was ich jedoch sagen kann – und das sage ich ehrlich – ist, daß sie mir sehr gefallen. Das ist jedoch ein Eindruck und keine Kritik.

Und was gefällt Ihnen daran?

Wie er den Text und die Zeichnungen anordnet und über meine, d. h. seine Schrift sich in Träumereien verliert.

Ja, Sie beide scheinen ein geradezu perverses Verhältnis zur Kalligraphie zu haben.

Mit wahrem Haß, mit dem einzigen Haß, zu dem ich fähig bin, hasse ich eine schlecht geschriebene Seite, eine Orthographie ohne Ypsilon.

Ich wage es nicht, Ihnen auch nur das winzigste Detail von der jüngsten portugiesischen Rechtschreibreform zu berichten.

Die Orthographie ist ein Lebewesen! Das Wort nur vollständig, wenn es gesehen.

Ihre Sätze haben also in Nussbaumers Buch ihren Königsmantel gefunden?

Meine Schrift trägt hier die Galakleidung, dank welcher sie Herrin und Königin ist.

Herr Pessoa, ich bedanke mich für dieses Gespräch oder, um es mit Ihren Worten zu sagen, für diese psychische Animatographie.*

---

* Anmerkung d. Übers.: Animatographie = Projektion scheinbar lebendiger Bilder.

Die Antworten Fernando Pessoas sind – bis auf wenige Ausnahmen – Originalzitate, wobei folgende Ausgaben benutzt worden sind:

Livro do Desassossego, Band 1 und 2 der Ausgabe von António Quadros, Public. Europa-America, Lisboa 1989.

Das Buch der Unruhe des Hilfsbuchhalters Bernardo Soares, Aus dem Portugiesischen von Georg Rudolf Lind, Amman Verlag Zürich 1985.

Escritos íntimos, cartas e páginas auto-biográficas, hrsg. von António Quadros, Publ. Europa-America, Lisboa 1986.

Dokumente zur Person und ausgewählte Briefe, hrsg. und aus dem Portugiesischen übersetzt von Georg Rudolf Lind, Amman Verlag Zürich 1988.

Ultimatum e Páginas de Sociologia Política, recolha de textos Maria Isabel Rocheta e Maria Paula Morão, Atica, Lisboa 1980.

O Rosto e as Máscaras, textos escolhidos em verso e prosa por David Mourão-Ferreira, Atica, Lisboa 1976.

Ilse Pollack. *Fernando Pessoa von A bis Z*, Bibliophile Ausgabe zum hundertsten Geburtstag des Dichters, Leibnitz 1988.

Wir alle, die wir träumen und denken,
sind Buchhalter und Hilfsbuchhalter
in einem Stoffgeschäft oder in irgendeinem
anderen Geschäft in irgendeiner Unterstadt.
Wir führen Buch und erleiden Verluste;
wir ziehen die Summe und gehen vorüber;
wir schließen die Bilanz, und der unsichtbare
Saldo spricht immer gegen uns.

Das Buch der Unruhe I, Gouache, Tusche, Collage/Papier

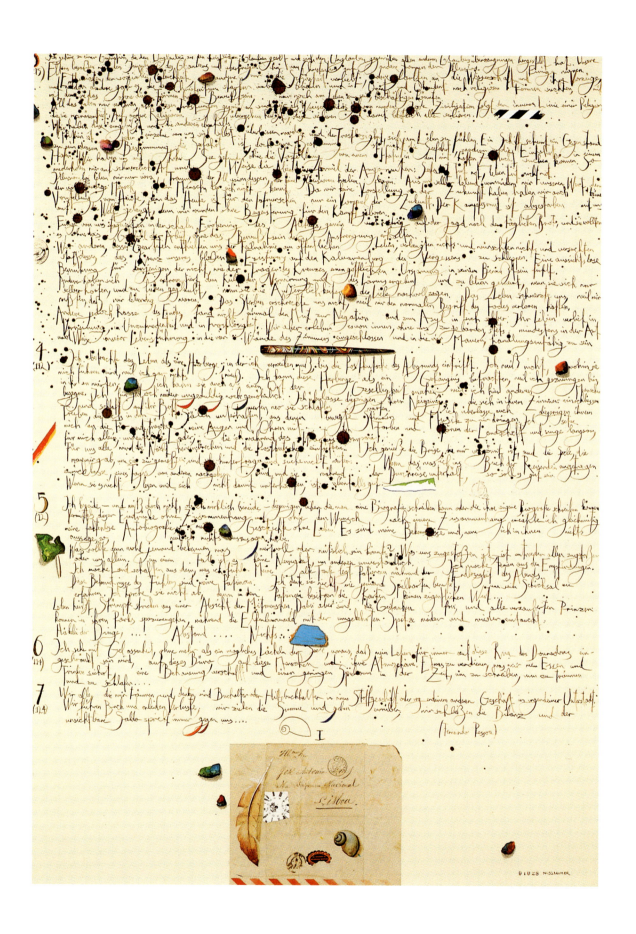

Ein Mensch kann, wenn er wahre Weisheit besitzt, das gesamte Schauspiel der Welt auf einem Stuhl genießen, ohne lesen zu können, ohne mit jemandem zu reden, nur seine Sinne gebrauchend und mit einer Seele begabt, die nicht traurig zu sein versteht.

Das Buch der Unruhe II, *Gouache, Tusche, Papier*

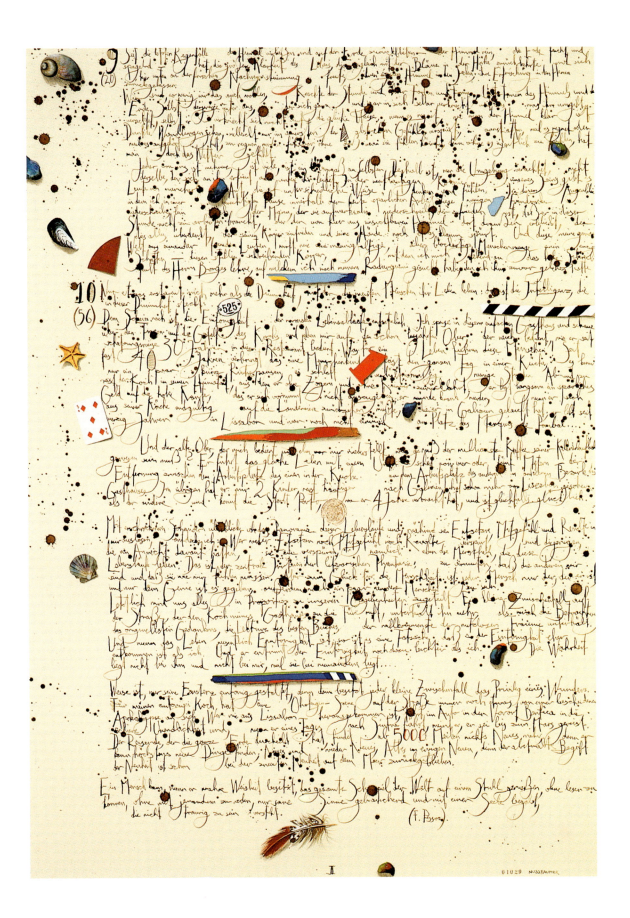

Was würde aus der Welt,
wenn wir menschlich wären?

Das Buch der Unruhe III, *Gouache, Tusche, Collage/Papier*

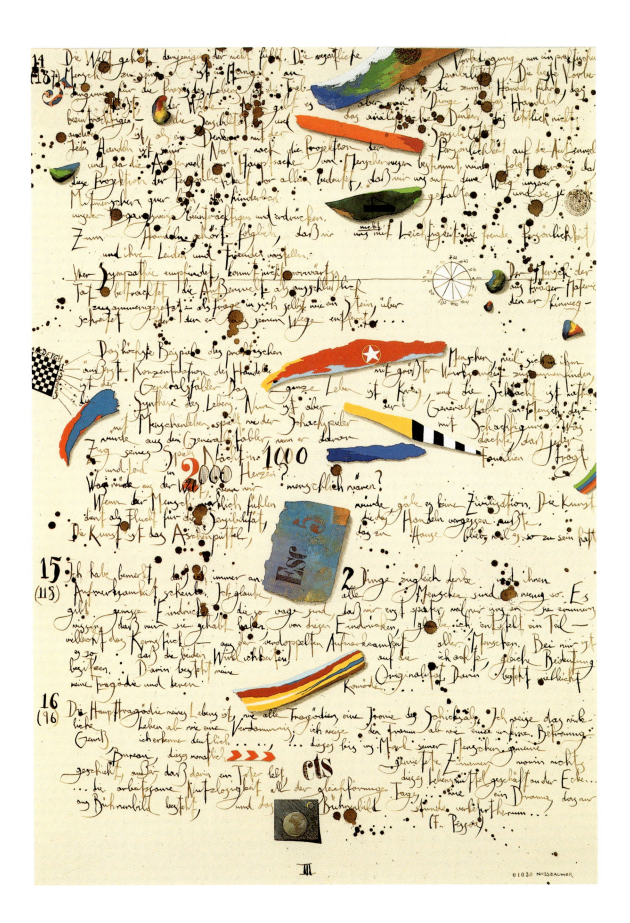

Alles, was ich tue, alles, was ich fühle, alles, was ich erlebe, wird nicht mehr sein, als ein Passant weniger im Alltag der Straßen irgendeiner Stadt.

***Das Buch der Unruhe IV**, Gouache, Tusche/Papier*

Mögen mir die Götter meine
Träume verändern, nicht
aber die Gabe zu träumen entziehen.

Das Buch der Unruhe V, Gouache, Tusche/Papier

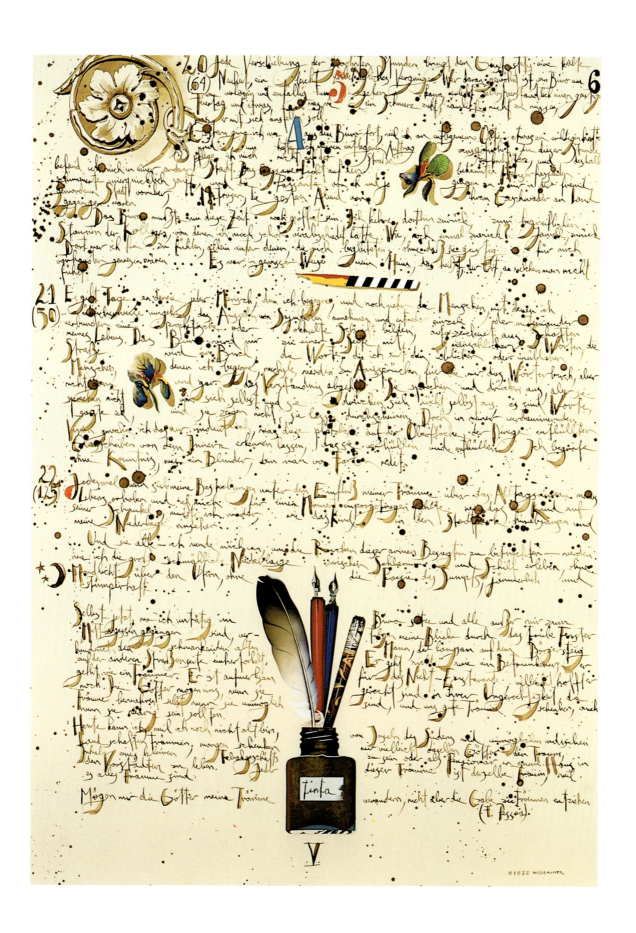

Sehen heißt schon gesehen haben.

Das Buch der Unruhe VI, *Gouache, Tusche/Papier*

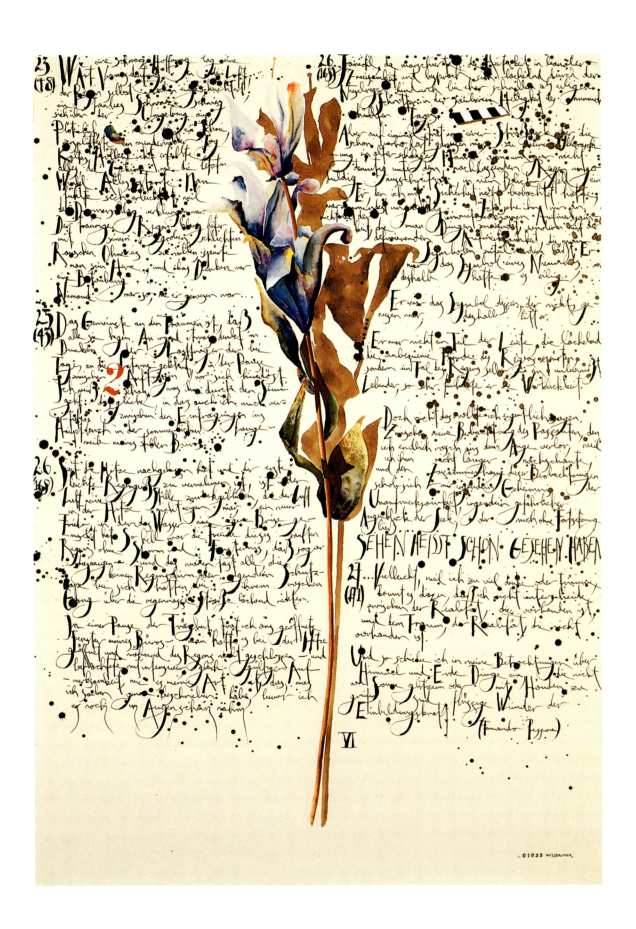

Wer von uns kann, wenn er sich auf seinem
Wege umdreht, auf dem es keine
Rückkehr gibt, sagen, er habe ihn verfolgt,
wie er ihn verfolgt haben mußte?

Das Buch der Unruhe VII, *Gouache, Tusche/Papier*

Ich habe es stets abgelehnt, verstanden zu werden. Verstanden werden heißt, sich prostituieren. Ich ziehe es vor, als derjenige, der ich nicht bin, ernst genommen zu werden, und als Mensch mit Anstand und Natürlichkeit verkannt zu werden.

Das Buch der Unruhe VIII, *Aquarell, Tusche/Papier*

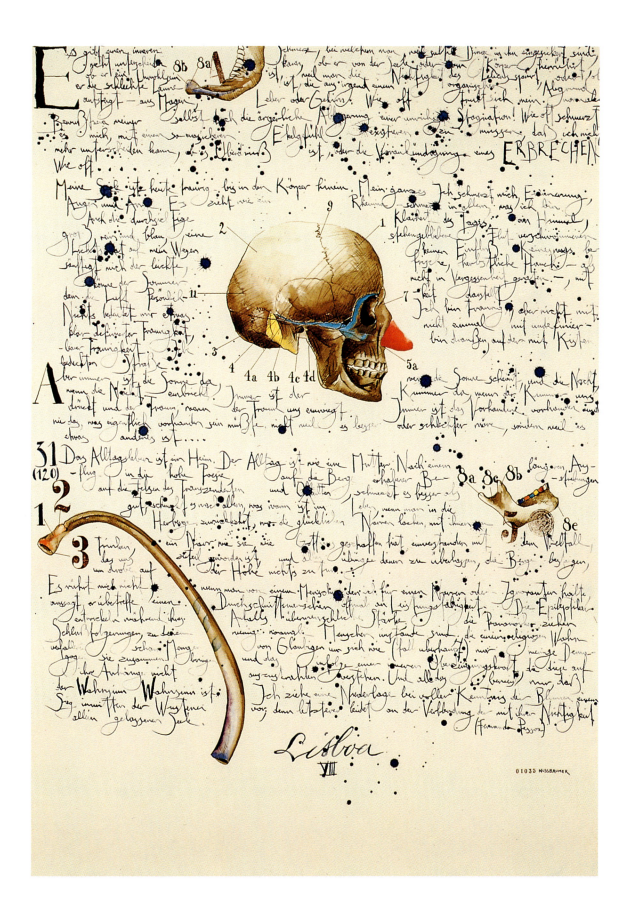

Wenn ich mir aufmerksam das Leben
anschaue, das die Menschen führen,
finde ich nichts in ihm, was es vom Leben
der Tiere unterscheiden könnte.

Das Buch der Unruhe IX, *Aquarell, Tusche/Papier*

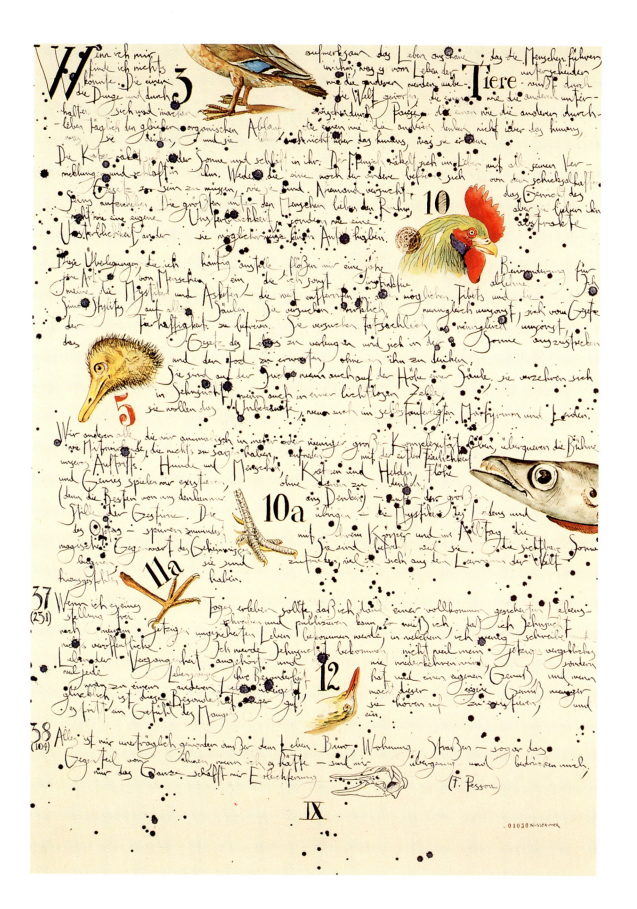

Ich erschuf in mir verschiedene Persönlichkeiten. Ich erschaffe ständig Personen. Jeder meiner Träume verkörpert sich, sobald er geträumt erscheint, in einer anderen Person; dann träumt sie, nicht ich.

Das Buch der Unruhe X, *Bleistift, Tusche/Papier*

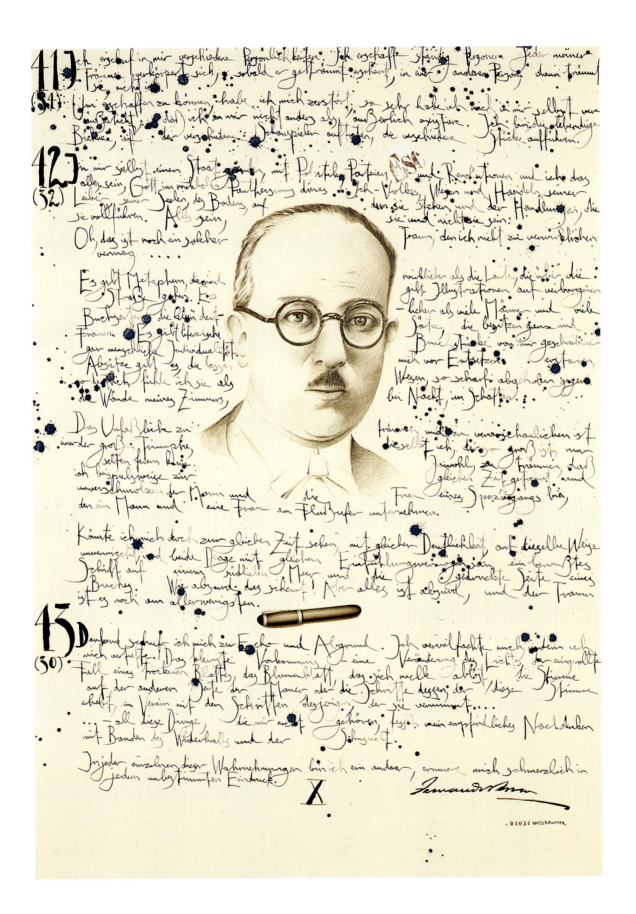

Heute habe ich etwas Absurdes
und dennoch Richtiges wahrgenommen.
Ich habe in einem inneren Blitzstrahl
bemerkt, daß ich niemand bin.
Niemand, ganz und gar niemand.

***Das Buch der Unruhe XI**, Gouache, Tusche/Papier*

Meine Seele ist ein verborgenes Orchester;
ich weiß nicht, welche Instrumente,
Geigen und Harfen, Pauken und Trommeln
es in mir spielen und dröhnen läßt. Ich
kenne mich nur als Symphonie.

Das Buch der Unruhe XII, Aquarell, Tusche, Deckweiß/Papier

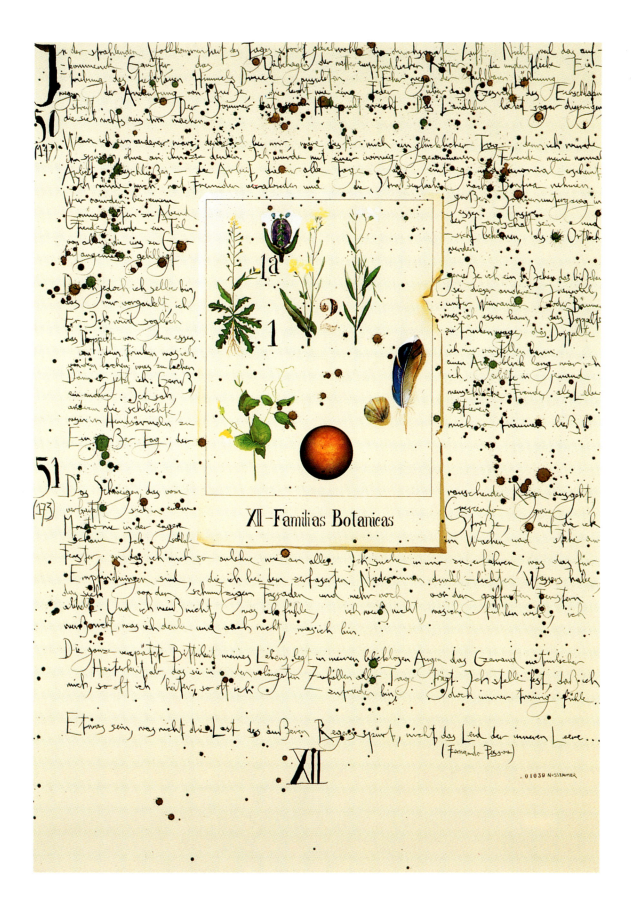

XII - Familias Botanicas

Etwas sein, was nicht die Last des äußeren Regens spürt, nicht das Leid der inneren Leere...
(Fernando Pessoa)

XII

Eine gewaltige Beunruhigung ließ meine geringfügigsten Gesten erbeben. Ich hatte Angst, in den Wahnsinn zu verfallen, nicht wegen des Wahnsinns, sondern wegen meiner Lage. Mein Herz schlug, als ob es sprechen könnte…

Das Buch der Unruhe XIV, Gouache, Tusche/Papier

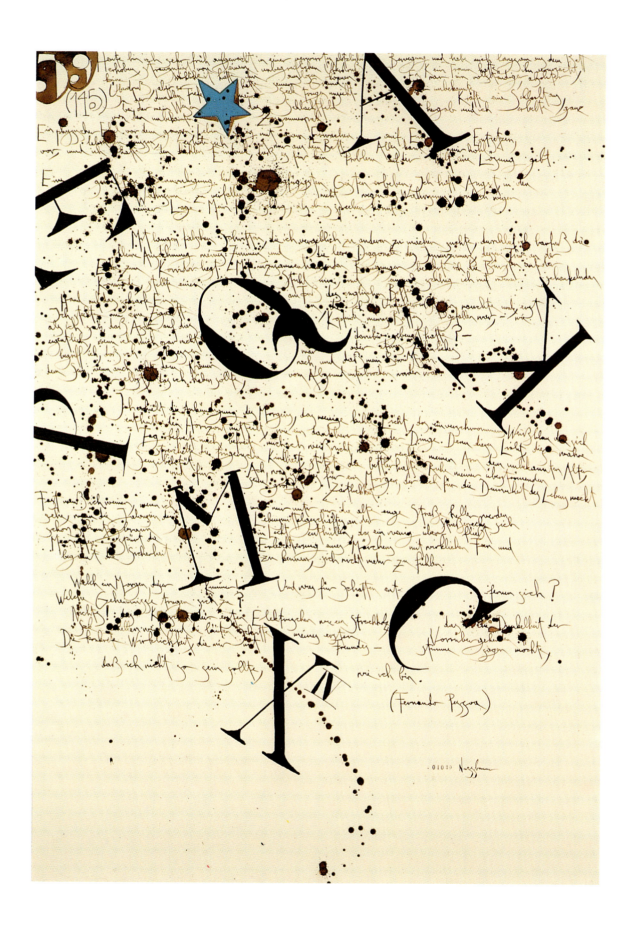

Gewaltiges Meer, mein lärmender
Kindheitsgefährte, das mich ausruhen läßt
und einwiegt, weil deine Stimme
nicht menschlich ist und nicht eines Tages
mit leiser Stimme menschlichen Ohren
meine Schwächen und meine
Unvollkommenheiten zitieren kann.

Das Buch der Unruhe XVI, *Gouache, Tusche/Papier*

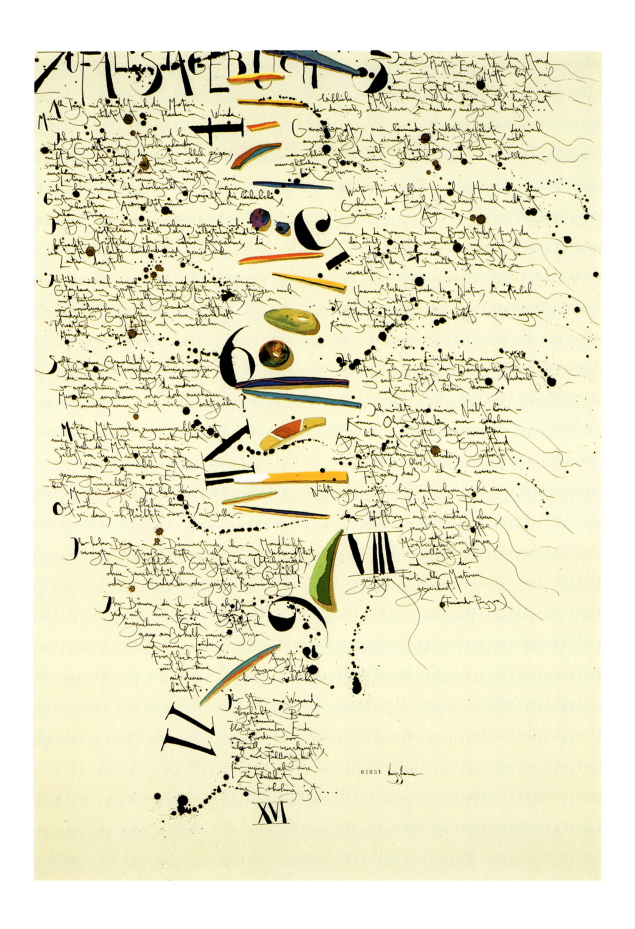

Die leere Unermeßlichkeit
der Dinge, das große Vergessen
im Himmel und auf Erden...

Das Buch der Unruhe XVII, *Aquarell, Tusche/Papier*

Welche Unruhe, wenn ich fühle,
welches Unbehagen, wenn ich denke,
welche Nutzlosigkeit, wenn ich will!

Das Buch der Unruhe XVIII, *Aquarell, Tusche/Papier*

Wie viele Cäsaren bin ich gewesen,
aber freilich keine wirklichen!

Das Buch der Unruhe XIX, Gouache, Tusche, Collage/Papier

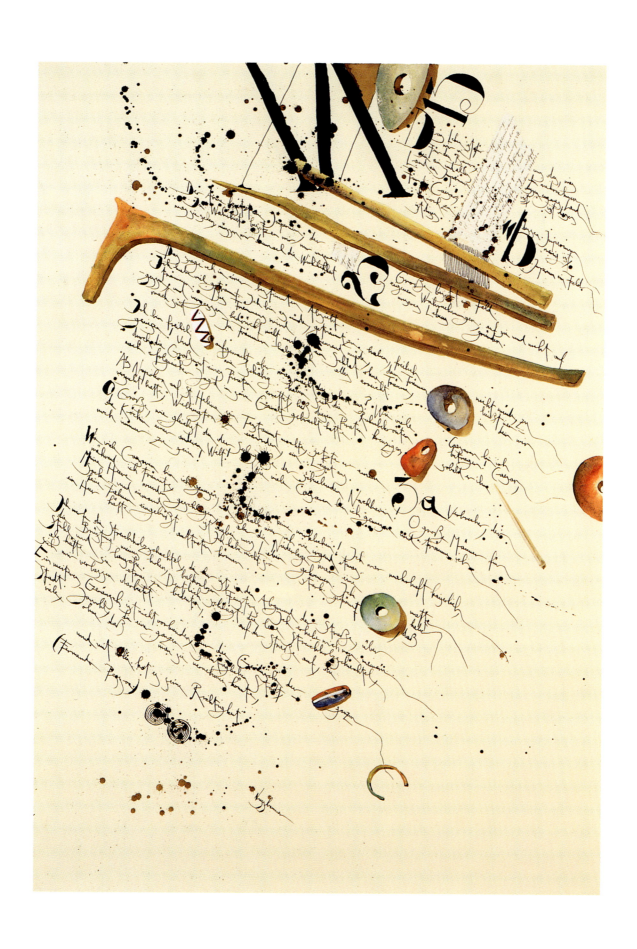

Ich staune immer, wenn ich irgend etwas
zu Ende bringe. Ich staune und bin
deprimiert. Mein Sinn für Vollkommenheit
müßte mich daran hindern, irgend etwas zu
Ende zu bringen; er müßte mich sogar daran
hindern, irgend etwas in Angriff zu nehmen.

Das Buch der Unruhe XX, *Tusche/Papier*

Gott erschuf mich als Kind und hat mich immer ein Kind bleiben lassen. Warum aber hat er zugelassen, daß mich das Leben geschlagen hat, mir meine Spielzeuge wegnahm und mich in den Pausen allein ließ, in denen ich mit schwachen Händen die vom häufigen Weinen schmutzig gewordene blaue Spielschürze zerknitterte?

Das Buch der Unruhe XXa, *Gouache, Tusche/Papier*

Es gibt die Sieger in der Liebe, die Sieger in der Politik und die Sieger in der Kunst. Die ersteren haben den Vorteil, etwas erzählen zu können, weil man in der Liebe umfassend siegen kann, ohne über die wirklichen Vorgänge sonderlich Bescheid zu wissen.

Das Buch der Unruhe XXI, Aquarell, Tusche/Papier

Wenn ich schreibe, statte ich mir
einen feierlichen Besuch ab.

Das Buch der Unruhe XXII, *Tusche, Collage/Papier*

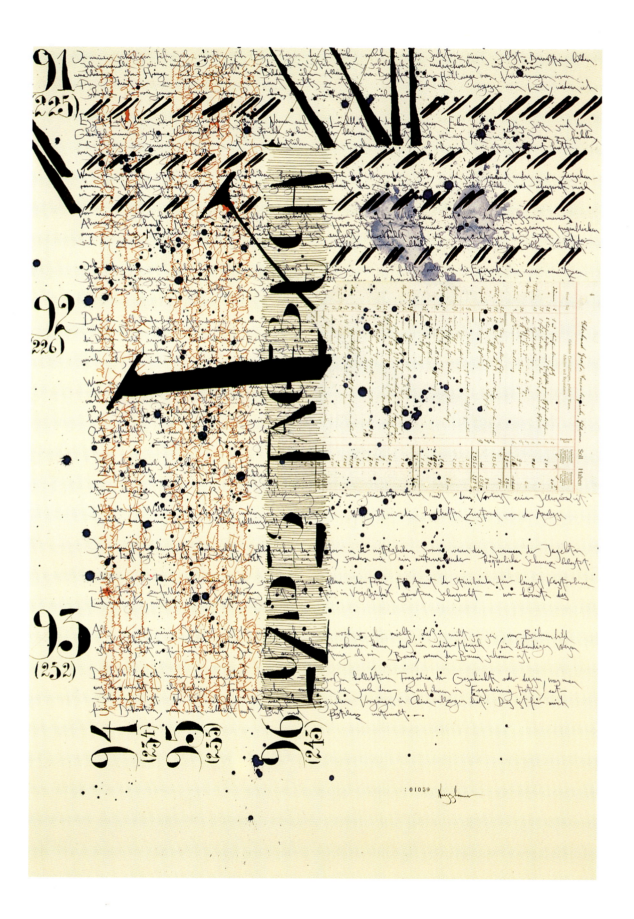

Von der Liebe, die in die Tiefe geht, und ihrem nützlichen Gebrauch habe ich nur eine oberflächliche, rein dekorative Vorstellung. Ich bin der Schau-Leidenschaft unterworfen. Mein den unwirklichsten Schicksalen hingegebenes Herz bewahre ich unversehrt.

Das Buch der Unruhe XXIII, Gouache, Tusche/Papier

Das Leben, hat Tarde gesagt, ist die Suche nach dem Unmöglichen durch das Nutzlose hindurch; so könnte auch Omar Khayyam gesprochen haben, wenn er so gesprochen hätte.

***Das Buch der Unruhe XXIV**, Gouache, Tusche/Papier*

Ich weine über nichts, was das Leben bringt
oder nimmt. Es gibt jedoch Prosaseiten,
die mich zu Tränen hingerissen haben...

Das Buch der Unruhe XXV, *Gouache, Tusche, Bleistift/Papier*

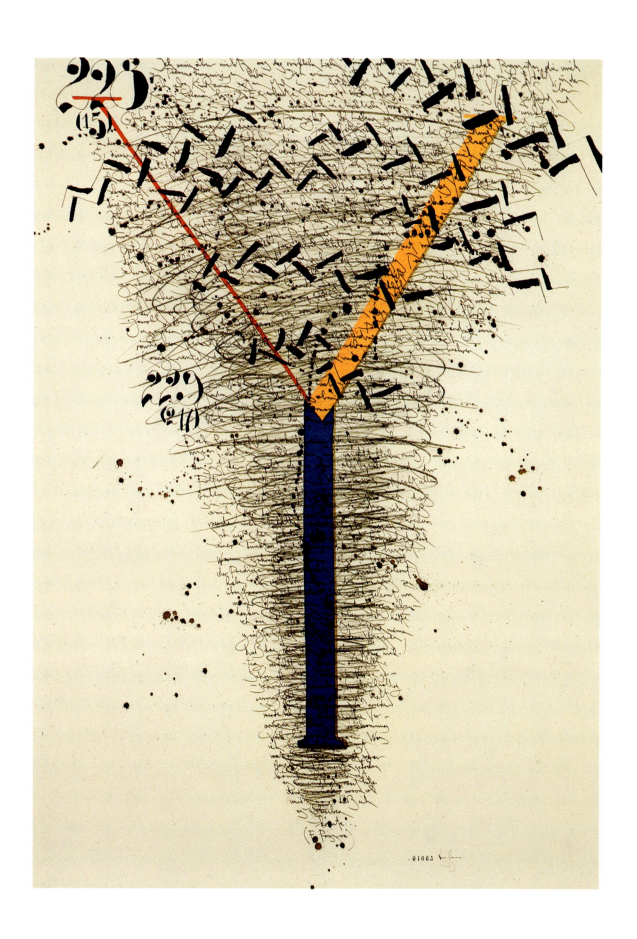

Aussagen! Aussagen können! Durch die geschriebene Stimme und das geistige Bild existieren können! Das macht den Wert des Lebens aus; das übrige sind Männer und Frauen, angebliche Liebschaften und künstliche Eitelkeiten, Ausflüchte der Verdauung und des Vergessens, Leute, die zappeln wie Käfer, wenn man einen Stein aufhebt unter dem großen abstrakten Felsen des blauen sinnlosen Himmels.

Das Buch der Unruhe XXVI, Gouache, Tusche/Papier

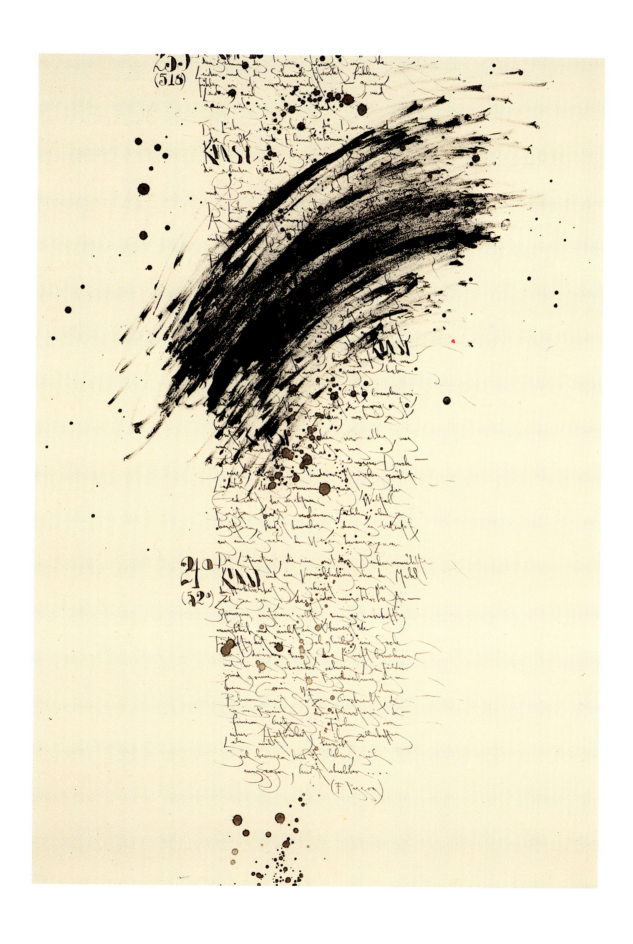

Die Bilder zum *Buch der Unruhe* enstanden in
den Jahren 1988 bis 1992 in Lissabon,
Salzburg, Hallstatt, Wien und Lovran.
Das Format beträgt jeweils 70 x 100 cm.

ISBN 3-7013-0845-4
© 1993 OTTO MÜLLER VERLAG
SALZBURG – WIEN
Gestaltung: Leo Fellinger, Salzburg
Fotos: Werner Schnelle, Salzburg
Repro: Reinhold Czerlinka, Grödig
Satz: Fotosatz Rizner, Salzburg
Druck: Welsermühl, Wels
Bindung: Buchbinderei Almesberger, Salzburg